LA RÉVOLUTION FRANÇAISE
ET LA FIN DE LA MONARCHIE ABSOLUE
Aux armes, citoyens !

par Sandrine Papleux

50MINUTES

LA RÉVOLUTION FRANÇAISE 1

CONTEXTE 3

La France sous l'Ancien Régime

La France à la veille de la Révolution

BIOGRAPHIES 8

Louis XVI, le roi martyr

Danton, l'athlète de la liberté

Robespierre, l'Incorruptible

La Fayette, héros des deux mondes
et protecteur de la Monarchie

Mirabeau, l'orateur du peuple

Marat, l'ami du peuple

**DE LA RÉVOLTE À LA RÉVOLUTION :
DIX ANS DE COMBATS** 22

Les débuts d'une révolte (1789)

Le renversement de la monarchie (1790-1792)

La Première République (1792-1794)

Le Directoire (26 octobre 1795-9 novembre 1799)

RÉPERCUSSIONS DE LA RÉVOLUTION 40

Une société transformée à jamais

La fondation des droits civils

L'avènement de la démocratie

La naissance d'une conscience nationale

Quand la Terreur dure dix ans

EN RÉSUMÉ 45

POUR ALLER PLUS LOIN 50

LA RÉVOLUTION FRANÇAISE

- **Quand ?** La Révolution française débute le 5 mai 1789, avec l'ouverture des États généraux, et s'achève le 9 novembre 1799 à la suite du coup d'État du 18 brumaire.
- **Où ?** En France tout d'abord, mais les idées révolutionnaires gagnent progressivement d'autres pays.
- **Contexte ?** Les Lumières ; l'Ancien Régime ; la montée de la bourgeoisie.
- **Protagonistes ?**
  - Louis XVI (1754-1793), roi de France
  - Danton (1759-1794), homme politique français
  - Robespierre (1758-1794), homme politique français
  - Gilbert du Motier de La Fayette (1757-1834), homme politique français
  - Mirabeau (1749-1791), homme politique français
  - Marat (1743-1793), homme politique français
- **Répercussions ?**
  - Promulgation de la Déclaration des droits de l'homme et du citoyen et fondation du droit civil
  - Prémices d'une démocratie en France
  - Transformation de l'identité européenne

De la révolte qui mène à la prise de la Bastille au coup d'État du 18 brumaire, la Révolution française marque un tournant crucial de l'histoire de France. Sonnant le glas de l'Ancien Régime et de sa monarchie absolue, la Révolution tentera, pendant dix longues années, de trouver son identité politique, passant par une monarchie constitutionnelle avant de proclamer la République. En définitive, elle met fin à la royauté, abolit les privilèges féodaux de la noblesse et du clergé, et lègue à la France un inestimable présent : la Déclaration des droits de l'homme et du citoyen, qui institue le droit à la liberté et l'égalité devant la loi, et qui reconnaît le principe de souveraineté de la nation.

Par la suite, les guerres révolutionnaires ont contribué à la diffusion de ces principes dans une grande partie de l'Europe et ont abouti à la création de républiques sœurs, des États créés par le Directoire (octobre 1795-novembre 1799) dans des pays fraîchement conquis. Ces conflits qui trouvent leur prolongation dans les guerres napoléoniennes du Consulat (novembre 1799-mai 1804) et du Premier Empire (mai 1804-mars 1815) ont largement contribué à la transformation des frontières et des États d'Europe.

LA GUILLOTINE : IDÉES REÇUES

Moyen d'exécution très populaire pendant la Révolution dont l'utilisation perdure jusqu'en 1977, la guillotine n'a pas été inventée par le docteur Joseph Guillotin (1738-1814) comme on a coutume de le penser. Sa création revient en réalité au secrétaire perpétuel de l'Académie de chirurgie Antoine Louis (1723-1792), un fait que l'histoire semble avoir oublié. S'inspirant de techniques déjà bien connues, il perfectionne les outils afin d'obtenir une machine plus performante qu'il nomme « louison ». L'objet sera par la suite rebaptisé « guillotine », car c'est Joseph Guillotin, député du tiers état, qui en fait la promotion auprès de l'Assemblée constituante dans le but d'uniformiser les peines de mort et d'abréger les souffrances des condamnés. Malgré les protestations du Docteur, on donne à cet instrument le nom de guillotine. Une autre idée reçue consiste à croire que Guillotin lui-même a fait les frais de sa machine. Mais il s'agit, là encore, d'une erreur. Bien qu'il ait été emprisonné durant la Terreur, il est libéré après la mort de Robespierre.

CONTEXTE

LA FRANCE SOUS L'ANCIEN RÉGIME

Une société inégalitaire

Le pouvoir sous l'Ancien Régime repose sur une monarchie absolue de droit divin qui place le roi en maître incontesté de la France, directement après Dieu. La société possède une structure socio-économique héritée du Moyen Âge, divisée en trois ordres : le clergé, la noblesse et le tiers état. Seuls la noblesse et le clergé sont des ordres privilégiés qui détiennent le pouvoir politique. Dans le respect de ces traditions, les privilèges, les libertés et le poids des impôts sont répartis inégalement entre les trois ordres.

Mais à partir de la seconde moitié du XVIIIe siècle, une nouvelle catégorie sociale apparaît : la bourgeoisie. Issue du tiers état, elle a su tirer profit de l'enrichissement global du pays et constitue une nouvelle force qui aspire à des fonctions plus prestigieuses. En réaction, la noblesse se renforce et s'empare de toutes les hautes charges de l'administration et de l'armée afin de conserver ses privilèges.

Un système rigide et corporatif

L'économie française essentiellement céréalière doit faire face à des rendements médiocres, une situation que des techniques d'exploitation rudimentaires ne viennent guère arranger. La terre, qui, si on la possède, constitue un premier signe de fortune et d'ascension sociale, assure l'essentiel de la richesse française, les paysans croulant sous le poids des redevances seigneuriales (dîmes, impôts royaux, etc.) dont ils doivent s'acquitter. Cette société paysanne, fragilisée en cette fin de XVIIIe siècle, sans perspective d'emploi stable, n'a plus d'autre solution que de se diriger vers la ville afin d'y trouver du travail.

L'industrie, sous l'Ancien Régime, s'organise en corporations, dont chacune possède des statuts et un règlement qui lui sont propres. Avec un taux de croissance de 60 %, elle sera le domaine grâce auquel l'économie française pourra rebondir.

La philosophie des Lumières

Le début du XVIIIe siècle voit émerger un mouvement de renouveau intellectuel et culturel, dont les acteurs, issus pour la plupart de la haute bourgeoisie et de la noblesse, veulent combattre l'arbitraire et l'obscurantisme et effacer les inégalités sociales par des concepts de tolérance, de liberté et d'égalité. Ils ont pour nom Montesquieu (1689-1755), Voltaire (1694-1778), Rousseau (1712-1778) ou encore Diderot (1713-1784).

Favorables à la liberté de commerce, ces philosophes contestent le système figé qu'est l'Ancien Régime et proposent, à tour de rôle, de nouvelles théories politiques : alors que Voltaire suggère la mise en place d'une monarchie parlementaire, Montesquieu promeut la séparation des pouvoirs législatifs, exécutifs et judiciaires, tandis que Rousseau évoque la création d'un contrat social qui mettrait en avant l'égalité entre tous les citoyens et inaugurerait la souveraineté du peuple.

Ce courant philosophique influencera les grands événements de la fin du XVIIIe siècle à travers le monde. La Déclaration d'indépendance des États-Unis (4 juillet 1776) et la Déclaration des droits de l'homme et du citoyen, née de la Révolution française, en sont fortement tributaires.

LA FRANCE À LA VEILLE DE LA RÉVOLUTION

La crise frumentaire

Le royaume de France connaît depuis 1775 une succession de crises céréalières. Mais les années 1788-1789 seront les plus redoutables en raison des conditions climatiques catastrophiques. En juin 1788, des pluies diluviennes s'abattent sur la France et ravagent toutes les moissons. Elles sont suivies par un hiver très rude qui perdure jusqu'en mars 1789 et qui détruit les maigres récoltes de l'année. Le blé étant en pénurie, son prix double, ce qui provoque notamment une hausse du prix du pain, un aliment à la base de l'alimentation.

Propriétaires fonciers, fermiers, seigneurs et ordres monastiques profitent de ces périodes de crise frumentaire pour s'enrichir. Ce sont en effet eux qui, en alimentant avec parcimonie le marché du blé, influent sur son prix. Le grain est vendu au plus offrant sur les marchés avoisinants ou est stocké par les religieuses elles-mêmes. La population, qui peine à se nourrir correctement, est épuisée physiquement et moralement. Cette disette déclenche des troubles importants dans toute la France.

De la crise financière à la crise parlementaire

Depuis le XVIIIe siècle, les caisses de l'État sont pratiquement vides ; une situation que l'engagement de la France dans la guerre d'indépendance américaine (1775-1782) ne fait qu'aggraver. L'État, fortement déficitaire, ne peut plus faire face aux dépenses publiques et militaires.

Ne pouvant emprunter davantage afin de rembourser la dette, les ministres de Louis XVI veulent réformer le système fiscal. Ils souhaitent en effet que l'augmentation des impôts existants soit prise en charge par tous, et non plus uniquement par le peuple. Mais cette tentative de réforme se heurte à l'opposition des deux premiers ordres du royaume, le clergé et la noblesse, dispensés d'impôts directs grâce à leurs privilèges. Pas moins de dix ministres des Finances se succèdent à partir de 1774, sans pour autant parvenir à faire adopter des réformes valables.

Une autre mesure prise par le roi consiste à diminuer les attributions judiciaires des parlements (suppression de leurs droits de vérification, de remontrance et d'enregistrement) au profit d'une Cour plénière dont les membres seront nommés par ses soins. Les parlementaires, essentiellement des nobles, perdent ainsi le contrôle sur la politique du royaume. La lutte qui s'ensuit est l'un des premiers signes annonciateurs de la fin de la société de l'Ancien Régime. Soutenue par la population, la révolte gagne les parlements de province. Des troubles éclatent à Rennes, mais aussi dans le Dauphiné (province du Sud-Est de la France) où ils sont d'une extrême violence.

À la suite de la journée des Tuiles, le Parlement exige la convocation immédiate des États généraux à Vizille, dans le Dauphiné, et exhorte les Français à refuser le paiement des impôts jusqu'à ce que le roi cède. Acculé, Louis XVI n'a d'autre choix que d'accepter. Les États généraux se tiendront au mois de mai 1789.

L'Assemblée de Vizille, tableau d'Alexandre Debelle, 1853.

BIOGRAPHIES

LOUIS XVI, LE ROI MARTYR

Portrait de Louis XVI en costume de sacre, tableau de Joseph Duplessis, 1777.

Né à Versailles le 23 août 1754, Louis XVI devient le Dauphin du royaume suite à la mort prématurée de son père Louis de France

(1729-1765). À l'âge de 20 ans, il succède à son grand-père Louis XV (1710-1774). Son accession aux fonctions royales est très attendue par l'opinion qui aspire au changement. Aussi Louis XVI tente-t-il des réformes audacieuses, mais souvent inopportunes ou inachevées, comme ce fut le cas de l'alliance avec les États-Unis qui participe à la banqueroute de l'État français. Il s'intéresse également aux finances qu'il souhaite réformer mais, se heurtant à l'opposition de la noblesse, il finit par céder et par abandonner cette voie. La situation étant critique et ses ministres ne parvenant pas à trouver de solutions, il convoque une assemblée de notables, sans succès. Louis XVI décide alors de convoquer exceptionnellement les États généraux le 5 mai 1789. Lorsque les députés se constituent en Assemblée générale puis en Assemblée constituante, il ne s'y oppose pas, de même qu'à l'idée de voir s'ériger une constitution. Alors que son pouvoir se réduit de plus en plus, il ne parvient pas à faire entendre sa voix et finit souvent par se soumettre. Ainsi, alors qu'il avait accepté de porter la cocarde tricolore qui symbolise la Révolution, il refuse dans en premier temps de signer la Déclaration des droits de l'homme et du citoyen, mais il est finalement contraint de le faire suite à la violence du peuple qui se soulève.

Craignant pour sa sécurité, il accepte de fuir Paris avec sa famille. Rattrapés à Varennes le soir du 21 juin, ils sont emmenés aux Tuileries où ils sont constamment surveillés. Rapidement, la rumeur de l'existence d'un complot entre la Cour et la noblesse dans le but de s'attaquer aux révolutionnaires se répand et, le 10 août 1792, les Tuileries sont investies par le peuple. La famille royale est alors emmenée de force à la Tour du Temple, où elle attend son procès. Déclaré coupable de conspiration contre la sûreté générale de l'État, Louis XVI est guillotiné le 21 janvier 1793, de même que Marie-Antoinette le 16 octobre 1793.

Louis XVI et l'abbé Edgeworth de Firmont au pied de l'échafaud, tableau de Charles Benazech, 1793. L'abbé Edgeworth de Firmont (1745-1807) était le dernier confesseur du roi.

Marie-Antoinette, bouc émissaire de la Révolution française ?

Lorsqu'elle devient l'épouse du futur roi de France Louis XVI, Marie-Antoinette, archiduchesse d'Autriche (1755-1793), n'a que 15 ans. À ce moment, le jeune couple royal fait naître l'espoir d'un renouveau dans la monarchie. Mais il tarde à donner à la Couronne une descendance, une difficulté qui renforce l'image de faiblesse et d'impuissance du roi et les rumeurs sur les prétendus amants de Marie-Antoinette. Le mariage ne sera effectivement consommé qu'après sept longues années, et la reine finira par donner naissance à quatre enfants, dont seule Marie-Thérèse Charlotte, appelée Madame Royale (1778-1851), survivra à la Révolution.

Les espoirs du peuple s'évanouissent rapidement et on voit circuler toute une série de rumeurs sur Marie-Antoinette. C'est que la jeune reine n'apprécie guère la rigidité des rituels et des codes de la Cour, ce qui heurte les courtisans. Pour échapper à la monotonie et à l'ennui, elle s'est créé un cercle de proches, qu'elle a choisis en fonction de ses affinités et non de leur rang, comme il conviendrait, et qu'elle comble de faveurs. Elle est également critiquée pour ses dépenses qui, même si elles ne représentent qu'une part minime du budget de l'État, provoquent le ressentiment populaire au point que le peuple finit par la surnommer Madame Déficit.

Au fil du temps, les rumeurs prennent de plus en plus d'ampleur. On lui prête des actes réprouvés par la morale publique (amants, pratiques sexuelles contre nature, inceste, etc.) et, lorsqu'elle prend position au niveau politique, on l'accuse de privilégier les intérêts de l'Autriche aux dépens de ceux de la France, ce qui lui vaut un nouveau surnom, celui de l'Autrichienne. La presse s'en donne à cœur joie et joue sur l'animosité du peuple en façonnant une image calomnieuse de la reine qui aura un impact décisif sur les événements révolutionnaires.

DANTON, L'ATHLÈTE DE LA LIBERTÉ

Gravure représentant Danton à la tribune.

Né le 28 octobre 1759 à Arcis-sur-Aube en Champagne, Georges Jacques Danton est avocat avant de se rallier aux principes de la Révolution. Il fonde, en avril 1790, la Société des amis des Droits de l'homme et du citoyen, plus connue sous le nom de club des Cordeliers. Très populaire après l'affaire de Varennes à la suite de laquelle il réclame la destitution de roi, il prend une part importante dans la préparation de l'assaut des Tuileries. Le pouvoir royal renversé, l'Assemblée législative le nomme ministre de la Justice. C'est sous son ministériat que se déroulent les massacres de septembre 1792 : les sans-culottes, par peur d'un complot royaliste, massacrent des milliers de personnes détenues dans les prisons, sans que Danton intervienne.

Sous la Convention, il est élu député montagnard. Las des querelles entre Girondins et Montagnards, il tente la conciliation, sans succès. Danton quitte alors momentanément la Convention. Lorsqu'il y revient, le tribunal doit statuer sur le sort du roi. Bien que fervent ré-publicain, il ne semble pas souhaiter la mort de Louis XVI et préférer la voie du bannissement. C'est pourtant sa mort qu'il votera.

Au cours de l'année 1793, il fait voter la création du tribunal criminel extraordinaire et du Comité de salut public dont il sera président. Mais en juillet 1793, jugeant le Comité trop modéré et profitant de la baisse d'influence de Danton, Robespierre l'évince de la présidence.

En octobre 1794, Danton s'oppose à la continuation de la Terreur et, avec l'aide de Camille Desmoulins (publiciste et homme politique français, 1760-1794), fait campagne pour l'indulgence, s'attirant l'hostilité de Robespierre. Peu après, il est accusé de vénalité et de tractations avec l'ennemi. Pourtant prévenu des charges qui lui sont reprochées, il refuse de fuir : « On n'emporte pas sa patrie à la semelle de ses souliers », dira-t-il (repris dans l'article « Danton », in *Larousse.fr*). Arrêté en mars 1794, il est jugé en compagnie de Camille Desmoulins et guillotiné le 5 avril de la même année.

ROBESPIERRE, L'INCORRUPTIBLE

Portrait de Robespierre.

Né le 6 mai 1758 à Arras dans le Pas-de-Calais, Maximilien de Robespierre est très vite attiré par les idéaux des Lumières. D'abord avocat puis juge au tribunal épiscopal, il s'inscrit au Conseil provincial d'Artois en 1781 et devient député du tiers état. Il n'aura de cesse de réclamer la liberté d'opinion, de presse, de réunion, l'abolition de l'esclavage et de la peine de mort. Sous l'Assemblée constituante, il est l'un des principaux défenseurs de l'égalité des droits et du suffrage universel. De ce fait, il participe à l'élaboration de la Déclaration des droits de l'homme et du citoyen et à la première Constitution, rédigée en 1791.

Membre des Jacobins depuis la création du club, il utilise la tribune pour s'opposer au droit de veto du roi ainsi qu'à la guerre contre l'Autriche (1792). Il entre bientôt au conseil général de la commune pour réclamer la destitution de ce dernier. Élu député montagnard sous la Convention, il se prononce en faveur de l'exécution de Louis XVI par décret, ce qui ne sera pas accepté. Devant la menace d'une guerre civile lancée par les Girondins, Robespierre en appelle à l'insurrection du peuple. Mais ne souhaitant pas voir couler le sang, il se contentera d'expulser les Girondins de la Convention. Il succède à Danton au Comité du salut public et fait voter la loi du maximum (9 septembre 1793) qui garantit un prix maximum pour les produits de première nécessité, proclame l'abolition de l'esclavage et supprime définitivement les droits féodaux.

Convaincu qu'une menace plane sur la République et qu'il est de son devoir de la protéger, il frappe successivement, mais à contrecœur, les Hébertistes à gauche, les Indulgents à droite, dont font partie Danton et Desmoulins, ses amis. Il fait voter la loi du 22 prairial an II (10 juin 1794) qui réduit les procès à de simples comparutions devant les juges. Mais une fois le danger écarté, Robespierre souhaite mettre un terme à la Terreur et en condamne les excès. Par peur de représailles, ou craignant l'influence de celui que l'on nomme l'Incorruptible, de nombreux députés de la Convention se coalisent contre lui. Le 9 thermidor (27 juillet 1794), Robespierre et ses fidèles sont arrêtés et guillotinés.

LA FAYETTE, HÉROS DES DEUX MONDES ET PROTECTEUR DE LA MONARCHIE

Portrait de Gilbert du Motier de La Fayette, tableau de Joseph-Désiré Court, 1834.

Né le 6 septembre 1757 au château de Chavagnac, en Auvergne, La Fayette représente la jeune noblesse libérale de la fin du XVIIIe siècle. Il se distingue lors de la guerre d'indépendance des États-Unis et devient célèbre en remportant une victoire à

Yorktown. Épris des idéaux de la Constitution américaine, de retour en France, il participe aux États généraux comme représentant de la noblesse auvergnate. Il se montre favorable à une révolution limitée qui mènerait au contrôle de la monarchie par les aristocrates et la haute bourgeoisie. Le 13 juillet 1789, il est désigné vice-président de l'Assemblée constituante et devient le commandant de la garde nationale. Il participe également à la rédaction de la Déclaration des droits de l'homme et du citoyen ainsi qu'à l'élaboration de la Constitution.

Il assurera le retour de la famille royale à Paris, lors des journées d'octobre 1789 et de l'affaire de Varennes. En monarchiste convaincu, il répandra, pour cette dernière affaire, la rumeur d'un enlèvement et non d'une fuite, à la suite de quoi sa popularité baisse : on l'accuse de complicité avec la Cour et, lorsque le 17 juillet 1791 il tire sur les manifestants du Champ-de-Mars où une émeute avait lieu, il perd toute crédibilité. Nommé général de l'armée du Nord, il menace de marcher sur Paris suite à l'arrestation du roi. Peu de temps après, ayant été mis en accusation par les Jacobins, il prend la fuite et est fait prisonnier par les Autrichiens avant d'être libéré lors du traité de Campoformio, en 1797.

Revenu en France, il est élu député. Il prend part à la seconde abdication de Napoléon Ier (1769-1821) et fait introniser Louis-Philippe (1773-1850) roi des Français. Réduit à commander la garde parisienne, La Fayette se sent trahi et démissionne de son poste. Il reprend alors son rôle d'opposant jusqu'à sa mort, en 1834.

MIRABEAU, L'ORATEUR DU PEUPLE

Portrait de Mirabeau.

Né le 2 avril 1749 au château de Bignon dans le Loiret, Honoré Riquetti, comte de Mirabeau, connaît une jeunesse tumultueuse avant de chercher sa voie dans la Révolution et l'avènement d'une monarchie constitutionnelle. Libertin avéré, il multiplie les frasques et collectionne les conquêtes, ce qui lui vaudra une condamnation par contumace pour rapt et adultère. Il passe plusieurs mois en prison avant d'en sortir ruiné.

Rejeté par la noblesse, il réussit à se faire élire par le tiers état suite à la convocation des États généraux en 1789. Il bâtit son immense popularité en refusant d'obéir aux ordres royaux et se présente vite comme le défenseur de la nation, luttant contre les abus des privilégiés et l'omnipotence du roi. Grâce à son éloquence prodigieuse, il devient orateur à l'Assemblée nationale et l'auteur du préambule de la Déclaration des droits de l'homme et du citoyen. Partisan d'une monarchie constitutionnelle, il souhaite parvenir à un sage équilibre des pouvoirs entre le roi et l'Assemblée : il défend le veto absolu du roi et lui laisse ses prérogatives en matière de paix et de guerre.

Devant les dangers que court la monarchie, Mirabeau propose ses services à Louis XVI, contre remboursement de ses dettes. Jouant double jeu, il continue d'appuyer les idées de la Révolution auprès des révolutionnaires tout en défendant la monarchie auprès de ses partisans, et propose au roi d'accepter la monarchie constitutionnelle. En mars 1791, Mirabeau devient le président de l'Assemblée. Miné par les excès et le travail, il meurt le 2 avril, non sans avoir prononcé cette phrase prémonitoire : « J'emporte dans mon cœur le deuil de la monarchie, dont les débris vont devenir la proie des factieux. » (repris dans MARGERIT (Robert), *La Révolution : l'amour et le temps*, tome I, Paris, Phébus, 1991) Transporté au Panthéon, il en sera exclu sous la Convention, l'armoire de fer secrète du roi ayant révélé sa duplicité.

MARAT, L'AMI DU PEUPLE

Portrait de Marat.

Né le 24 mai 1743 à Boudry en Suisse, Marat s'installe à Paris et devient le médecin des gardes du corps du comte d'Artois, le futur Charles X (1757-1836), le frère de Louis XVI. La Révolution survenue, il fonde *L'Ami du peuple*, un journal politique qui soutient et encourage le mouvement révolutionnaire. Mais ses attaques contre Necker (1732-1804) et La Fayette l'exposent à des poursuites judiciaires.

Membre actif du club des Cordeliers, il devient encore plus virulent dans ses propos après la fuite de Varennes et la fusillade du Champ-de-Mars (17 juillet 1791). Par le biais de son journal, il incite le peuple à partir à l'assaut des Tuileries (10 août 1792) et est l'instigateur des massacres de septembre.

Sous la Convention, il est élu député de Paris. Il soutient alors la Commune et la Montagne dans leur combat contre les Girondins. Élu en avril 1793 à la présidence des Jacobins, il lance un appel à l'insurrection civile et au coup d'État :

> « Levons-nous ! Oui, levons-nous tous ! Mettons en état d'arrestation tous les ennemis de notre Révolution et toutes les personnes suspectes. Exterminons sans pitié tous les conspirateurs si nous ne voulons pas être exterminés nous-mêmes. » (repris dans LAVISSE (Ernest), *Histoire de France contemporaine depuis la Révolution jusqu'à la paix de 1919*, Paris, Hachette, 1921)

Ses excès verbaux déplaisent, et la Convention finit par demander son arrestation. Jouissant d'une immense popularité à Paris, il est acquitté par le tribunal révolutionnaire et revient à la Convention où il se déchaîne contre ses adversaires. Le 13 juillet 1793, Marat est assassiné à Paris par Charlotte Corday (1768-1793), admiratrice fanatique des Girondins, qui sera ensuite exécutée.

DE LA RÉVOLTE À LA RÉVOLUTION : DIX ANS DE COMBATS

LES DÉBUTS D'UNE RÉVOLTE (1789)

L'opposition à la monarchie

Confronté à la crise économique et financière et aux tensions qui émergent de toutes les classes sociales, le roi convoque les États généraux. Leur dernière convocation remontant à 1614, l'événement fait naître un réel engouement.

Ouverture des États généraux à Versailles dans la salle des Menus Plaisirs, par Isidore-Stanislas Helman et Charles Monnet.

Le 5 mai 1789, les États généraux se réunissent à Versailles. Mais cette première journée est une véritable déception pour les députés du tiers état. Alors que ceux-ci espéraient que les séances donnent lieu à une véritable réforme constitutionnelle, le roi fixe comme objectif la recherche de nouveaux moyens pour assainir les finances de l'État ainsi que de nouvelles sources de financement. N'approuvant pas la volonté du roi, les députés du tiers état entrent en résistance : le 17 juin, rejoints par plusieurs membres du clergé et de la noblesse, ils s'autoproclament Assemblée nationale. Trois jours plus tard, ils prêtent le serment de ne pas se séparer avant d'avoir donné à la France une véritable constitution dans la salle du Jeu de paume.

Copie du *Serment du Jeu de paume* de Jacques-Louis David par Luc-Olivier Merson, 1883.

Le 23 juin, les trois ordres se réunissent en présence du roi, mais, refusant de siéger en chambres séparées et de se diviser, les députés sont sommés de quitter la salle, ce à quoi Mirabeau rétorque : « Nous sommes là par la volonté du peuple et n'en sortirons que par la puissance des baïonnettes ! » (repris dans DULAURE (Jacques-Antoine), *Esquisse historique des principaux événements de la Révolution*, tome I, 1823, p. 71) Consciente de sa force politique, l'Assemblée nationale se proclame Assemblée constituante, les députés souhaitant mettre un terme à l'autoritarisme royal et établir une monarchie constitutionnelle.

La prise de la Bastille : l'avènement d'une souveraineté nationale

Afin d'enrayer la rébellion des députés, Louis XVI concentre ses troupes autour de la capitale le 26 juin. Le 12 juillet, le ministre Necker, admiré par une grande partie du peuple qui voit en lui l'un de ses plus grands défenseurs, est renvoyé. La foule, encouragée par le journaliste Camille Desmoulins, se met en état de défense.

Camille Desmoulins exhortant le peuple à se révolter.

L'agitation s'accroît, et une milice civique s'organise. Le 14 juillet, les émeutiers pillent l'hôtel des Invalides, s'emparent des armes et des canons puis prennent d'assaut la Bastille, une ancienne forteresse reconvertie en prison qui constitue le symbole de l'arbitraire royal. L'assaut est sanglant : les défenseurs de la Bastille sont massacrés et son gouverneur décapité. Sa tête sera promenée à travers les rues de Paris au bout d'une pique.

La Prise de la Bastille, par Charles Thévenin, vers 1793.

La violence est telle que Louis XVI cède à la pression parisienne : il renvoie l'armée de la capitale, rappelle Necker à son service et se rend à l'Hôtel de Ville, où il arbore la cocarde tricolore, symbole de la Révolution. Le comité des électeurs désigne La Fayette vice-président de l'Assemblée et lui confie le commandement de la garde nationale.

DE LA COCARDE TRICOLORE AU DRAPEAU

C'est lorsque Louis XVI se rend à l'Hôtel de Ville que La Fayette lui a remis la cocarde des révolutionnaires et, selon la légende, aurait fait rajouter le blanc, symbole de la royauté entre le bleu et le rouge, couleurs de la ville de Paris. Sous la République, les trois couleurs associées à la Révolution s'emparent très vite des étendards. Chaque bataillon possède toutefois son propre drapeau : sur la base des trois couleurs, souvent représentées dans des bandes horizontales, viennent se greffer des devises et des attributs révolutionnaires.

Vers une monarchie constitutionnelle

Les événements s'enchaînent ensuite à une vitesse incroyable. Du 4 au 11 août 1789, l'Assemblée constituante vote plusieurs décrets, proclame l'égalité civile ainsi que l'égalité devant l'impôt, et envisage l'abolition des privilèges féodaux du clergé et de la noblesse. Le 26 août, elle adopte la Déclaration des droits de l'homme et du citoyen qui institue le droit à la liberté, à la sécurité ainsi qu'à l'égalité devant la loi, mais aussi la liberté d'expression, le respect de la propriété, et reconnaît le principe de souveraineté de la nation. Cette déclaration ne remet pas en question la monarchie, mais le pouvoir législatif étant détenu par l'Assemblée constituante, le pouvoir royal s'en trouve extrêmement affaibli. Louis XVI tarde à ratifier ces décrets, ce qui suscite le mécontentement de la population. Le 5 octobre, une foule se met en marche vers Versailles et, au matin du 6, ce qui n'était au départ qu'une manifestation vire au drame. Le roi est forcé de quitter Versailles sous escorte et de rentrer à Paris, là où siège l'Assemblée. Cédant sous la pression, Louis XVI ratifie les décrets d'août.

En peu de temps, on voit se développer une presse politique avec l'apparition de dizaines de journaux. On voit également fleurir des clubs politiques où débattent avec passion les sans-culottes, dont le plus célèbre est celui des Jacobins.

LES CLUBS POLITIQUES, LIEUX D'OPPOSITION

La Révolution française voit naître un nouveau type d'association permettant aux citoyens de débattre des thèmes de société, de commenter l'actualité, mais également de discuter des projets de loi mis en place par l'Assemblée nationale. Ces associations prennent le nom de clubs politiques ou encore de sociétés populaires ou patriotiques. On retiendra la Société des amis de la Constitution, plus connue sous le nom de club des Jacobins, dont l'orateur le plus célèbre fut Robespierre. L'un de ces clubs, le club des Cordeliers, sera même à l'origine des grandes journées de la Révolution. Ouvert en 1790, il compte parmi ses membres les plus emblématiques Danton, Marat et Desmoulins. Sous le Directoire, d'autres organismes verront le jour (le club du Panthéon ou encore le club de Clichy), mais tous disparaîtront sous le Consulat.

Dans cette conjoncture propice aux changements, l'Assemblée vote une nouvelle division administrative du territoire et instaure l'état civil des citoyens. Elle vote également la confiscation des biens du clergé ainsi que la constitution civile du clergé (12 juillet 1790) qui prévoit un revenu garanti aux clercs, leur élection par les citoyens ainsi que la prestation de serment à la nation, au roi et à la Constitution, ce qui divise l'Église entre les prêtres « jureurs » et les « réfractaires ». Apogée de cette ère du changement, la fête de la Fédération (14 juillet 1790), qui rassemble des délégués provenant de l'ensemble du territoire français et au cours de laquelle le roi jure, par le pouvoir que lui a délégué l'État, de « maintenir la Constitution décrétée par l'Assemblée nationale ».

La Fête de la Fédération, par Isidore-Stanislas Helman, Antoine-Jean Duclos et Charles Monnet, 1790.

LE RENVERSEMENT DE LA MONARCHIE (1790-1792)

Des premières difficultés à la fuite du roi

Mais l'enthousiasme de la Révolution fait bientôt place au désenchantement. Non seulement la crise financière ne se résout pas, mais des tensions apparaissent au sein de l'Assemblée. Son président, Mirabeau, fidèle allié de la monarchie constitutionnelle, meurt en mars 1791. Conscient de la fragilité de sa situation, Louis XVI prend la fuite dans la nuit du 21 au 22 juin 1791. Son but est de rejoindre ses partisans et l'armée autrichienne pour revenir ensuite dissoudre l'Assemblée et rétablir son pouvoir. Il sera arrêté à Varennes et ramené au palais des Tuileries.

Retour de Varennes. Arrivée du roi à Paris, le 25 juin 1791, par Jean Duplessis-Bertaux, 1791.

La lettre laissée à son départ, dans laquelle il renie tous ses engagements et condamne la Révolution, brise la confiance du peuple. Afin d'apaiser les tensions, le marquis de La Fayette, commandant de la garde nationale, tente de faire admettre la thèse de l'enlèvement du roi, ce dont les partisans de la République ne seront pas dupes. Le 17 juillet, le club des Cordeliers et les Jacobins les plus virulents lancent une pétition en faveur de l'abdication du roi et se réunissent sur le Champ-de-Mars pour manifester. La garde nationale est envoyée pour disperser les manifestants, mais est accueillie par des jets de pierre. L'armée fait feu sans sommation.

L'Assemblée législative

Le 1er octobre 1791, l'Assemblée législative succède à la Constituante, et de nouveaux députés font leur apparition : à droite les Feuillants, partisans d'une monarchie constitutionnelle, qui soutiennent donc le roi ; au centre, les Indépendants, aux opinions changeantes ; à gauche, les Girondins, partisans d'une république modérée. L'extrême gauche, fort peu étoffée, est représentée par les révolutionnaires les plus farouches. La Constitution établie en septembre laisse au roi le pouvoir exécutif et lui donne un droit de veto valable pour deux législatures.

Le 20 avril 1792, sur proposition de Louis XVI, la France déclare la guerre à l'Autriche qui, craignant que les idéaux révolutionnaires ne s'étendent en Europe, s'immisçait trop dans les affaires françaises. Le roi, qui souhaite par là retrouver son autorité, est soutenu par les Girondins, qui espèrent quant à eux exporter la Révolution. Mais l'armée française est très désorganisée et, dès l'été 1792, les armées prussiennes et autrichiennes envahissent la France.

LA MARSEILLAISE

Durant les campagnes militaires de 1792, l'officier Rouget de Lisle (1760-1836) compose à Strasbourg un chant de guerre pour l'armée du Rhin. Il est très vite mis en musique. Joué pour la première fois à Marseille à l'occasion d'un banquet en l'honneur des volontaires de la garde nationale partant pour Paris, l'hymne accompagne les troupes pendant leur parcours jusqu'à la place de la Bastille, le 30 juillet 1792. Devant l'engouement général, *La Marseillaise* devient, selon le décret du 26 messidor an III (14 juillet 1795), l'hymne national des Français.

Afin de faire avorter un éventuel complot contre les patriotes impliquant la noblesse, la Cour et les prêtres, trois nouveaux décrets édictés par les Girondins sont votés : ils visent à mettre en place la déportation des prêtres réfractaires, à dissoudre la garde du roi et à constituer un camp de 20 000 fédérés près de Paris. Seul le second décret est sanctionné par le roi, et les ministres girondins sont renvoyés. Le 20 juin 1792, lors d'une grande manifestation, le peuple des faubourgs envahit les Tuileries. Mais Louis XVI tient bon et maintient sa décision, provoquant un nouveau regain des hostilités.

Le peuple pénétrant dans le château des Tuileries, le 20 juin 1792, eau-forte de Pierre-Gabriel Berthault.

Les Tuileries sont investies et, le 10 août, la famille royale est enfermée dans la prison du Temple. Du 2 au 6 septembre ont lieu les massacres de septembre : sur l'exhortation de Marat, les sans-culottes prennent d'assaut la prison et massacrent plus d'un millier de prisonniers soupçonnés d'être monarchistes.

LA PREMIÈRE RÉPUBLIQUE (1792-1794)

La Convention girondine

Avec la chute des Tuileries et la dissolution de l'Assemblée législative, une nouvelle assemblée est élue au suffrage universel (à l'exclusion des femmes) : la Convention. Elle s'est spontanément divisée en trois partis : les députés plus modérés appelés les Girondins ; les députés radicaux, les Montagnards, dont les principaux membres sont Danton, Robespierre ainsi que Marat ; et enfin les députés modérés ou « opportunistes », la Plaine. Les Girondins sont les grands gagnants de ces élections.

Le 20 septembre 1792, les armées françaises parviennent à repousser les Austro-Prussiens à Valmy. Réunie le lendemain de la victoire, la Convention doit statuer sur le sort de la monarchie. S'ils reconnaissent la trahison du roi, tous ne sont pas d'accord sur la peine à appliquer : les Girondins souhaitent emprisonner ou exiler le roi, tandis que les Montagnards veulent sa mort. Le destin de Louis XVI se scelle à la suite de la découverte d'une armoire en fer secrète lors de la mise à sac des Tuileries. Celle-ci contiendrait, selon ses détracteurs, des documents liant le roi à des puissances européennes. Le citoyen Louis Capet est alors déclaré coupable de conspiration contre la sûreté générale de l'État et est guillotiné le 21 janvier 1793. L'exécution du roi provoque la formation de la première coalition contre la France qui réunit l'Angleterre, l'Autriche, la Prusse, l'Espagne, la Hollande, le Portugal et la Russie. La France replonge dans la guerre.

Au cours de l'année 1793, la situation s'aggrave. En mars, l'annonce de la levée de 300 000 hommes pour soutenir la guerre contre l'Europe engendre un soulèvement dans l'Ouest de la France. L'Assemblée instaure alors un tribunal criminel extraordinaire (23 mars 1793), préfigurant le futur tribunal révolutionnaire, qui jugera les traîtres et les opposants, et un Comité de salut public, présidé par Danton (6 avril 1793).

LES RÉVOLTES CONTRE-RÉVOLUTIONNAIRES (1793-1801)

La constitution civile du clergé et l'exécution du roi avaient déjà bouleversé l'Ouest catholique et royaliste. La levée de 300 000 hommes attise plus encore l'hostilité envers la Convention. En Bretagne et en Vendée, une rébellion éclate qui se meut en guerre civile. Devant les premiers succès vendéens, la répression des républicains se fait plus sanglante, coûtant la vie à des dizaines de milliers de personnes.

De janvier à mai 1794, les armées républicaines balayent la campagne. Incendies, viols, tortures, pillages et massacres sont monnaie courante et valent aux colonnes incendiaires d'être appelées les « colonnes infernales ». Le 17 octobre 1795, les Vendéens sont battus à Cholet (Maine-et-Loire). Malgré une tentative de pacification par le Directoire, il faudra attendre Napoléon Bonaparte et le Consulat ainsi que la publication du Concordat (pacte entre le Saint-Siège et la France) pour observer un retour au calme.

La Convention montagnarde

Les troubles intérieurs et extérieurs que connaît la France portent préjudice au Gouvernement girondin qui suscite le mécontentement général. Ils sont attaqués de tous côtés : par Marat du haut de la tribune du club des Cordeliers, par les sans-culottes de la Commune de Paris et par Robespierre. Les Girondins tentent un dernier coup en appelant la province à se soulever contre la Commune de Paris. Face à la menace d'une guerre civile, Robespierre en appelle à l'insurrection populaire. Le 31 mai 1793, accusés d'avoir trahi la patrie, les Girondins sont expulsés de la Convention et arrêtés. Les Montagnards triomphent.

À partir du mois de septembre, le Gouvernement instaure la Terreur : les manifestations fédéralistes sont réprimées, les Vendéens écrasés, les attaques de la coalition repoussées. Tous les opposants au régime sont traqués et exécutés. Le 16 octobre 1793, c'est au tour de Marie-Antoinette de monter sur l'échafaud.

Marie-Antoinette conduite à son exécution, tableau de William Hamilton, 1794.

Afin de marquer définitivement le divorce avec l'ordre ancien, le Gouvernement impose le calendrier républicain (24 novembre 1793). Sur l'initiative de Robespierre, le décret du 14 frimaire de l'an II (4 décembre 1793) voit la mise en place d'un gouvernement d'exception, placé sous l'égide du Comité de salut public. Si la création d'un tribunal révolutionnaire devait servir contre les ennemis de la Révolution, il sera progressivement utilisé comme arme contre les Conventionnels et les opposants au régime. Plus de 200 000 hommes seront ainsi détenus dans les prisons. Mais, progressivement, des dissensions apparaissent au sein de la Montagne. Alors que certains veulent maintenir la Terreur, d'autres plus modérés, les Indulgents, souhaitent y mettre un terme et exigent la libération des hommes emprisonnés. Conscient que les deux courants constituent une menace pour la République, Robespierre, la mort dans l'âme, les réprimera dans la violence.

La loi du 22 prairial an II (10 juin 1794) porte un coup aux opposants du régime en réduisant les procès à de simples comparutions devant les juges. La guillotine tourne alors à plein régime : c'est l'avènement de la Grande Terreur. Pourtant, la bataille de Fleurus (26 juin 1794) éloigne définitivement la menace de la coalition des frontières françaises. Robespierre pense mettre un terme à ce système de violence et en condamne les excès. Il n'en aura pas le temps : ses opposants se sont rassemblés et, le 9 thermidor (27 juillet 1794), Robespierre et ses partisans sont arrêtés et guillotinés dès le lendemain.

La Convention thermidorienne

Robespierre renversé, les vainqueurs, les Thermidoriens, mettent fin à la Terreur et rappellent les députés girondins. C'est le retour au pouvoir d'une république bourgeoise libérale et modérée. Elle ne remporte toutefois pas la sympathie du peuple et, bientôt, la Convention appréhende à juste titre une attaque des forces royalistes. Le 13 vendémiaire de l'an IV (5 octobre 1795), l'insurrection éclate. Elle est réprimée avec énergie par un jeune général inconnu de 26 ans, ancien partisan de Robespierre : Napoléon Bonaparte. La Convention est sauvée.

Fusillade devant l'église Saint-Roch de Paris durant l'insurrection royaliste.

Le 4 brumaire an IV (26 octobre 1795), un nouveau régime est mis en place : le Directoire. La nouvelle constitution de l'An III, votée le 29 messidor (17 août 1795), se base sur la division des pouvoirs législatif et exécutif. Le législatif est composé de deux chambres distinctes : un conseil qui formule les lois, le Conseil des Cinq-Cents, et un autre qui les valide, le Conseil des Anciens. L'exécutif, confié au Directoire, est composé de cinq directeurs. Plus question de suffrage universel, place au suffrage censitaire où seuls les plus riches ont voix au chapitre.

LE DIRECTOIRE
(26 OCTOBRE 1795-9 NOVEMBRE 1799)

Un gouvernement arbitraire

Lorsque le Directoire est proclamé, la situation administrative et financière de la France est désastreuse. Le manque d'ordre et d'administration favorise l'anarchie et la criminalité. La famine fait toujours des ravages et, incapable de rembourser sa dette, la France doit se résigner à la banqueroute des deux tiers : deux tiers de la dette publique ne seront pas payés, tandis que le dernier tiers sera consolidé et inscrit dans le grand livre de la dette. S'ajoute à cela la perte de valeur de l'assignat, la monnaie révolutionnaire. La misère est immense dans les campagnes alors qu'une élite restreinte vit dans le luxe et affiche avec ostentation sa fortune.

La période du Directoire est une période d'instabilité politique. La propagande monarchiste, soutenue par les frères de Louis XVI et les pays ennemis, s'intensifie au point que les partisans du retour à la monarchie se retrouvent majoritaires lors des élections de l'an V (mars 1797). Afin de stopper la poussée royaliste, les républicains organisent un coup d'État le matin du 18 fructidor (4 septembre 1797) et invalident le résultat des élections. La répression est brutale et la presse étroitement surveillée.

Face à la menace royaliste, les républicains se rassemblent. Les clubs sont rouverts, et le jacobinisme renaît de ses cendres. Leur objectif est de remporter les prochaines élections législatives. Mais cette mobilisation jacobine inquiète les partisans du Directoire. Et comme ce fut le cas pour les monarchistes, le coup d'État du 22 floréal (11 mai 1798) vient annuler les élections au détriment du parti jacobin.

Hors des frontières, la guerre avec les Autrichiens se poursuit. L'armée d'Italie, commandée par le général Napoléon Bonaparte, crée la surprise : grâce à son leader, elle parvient à annexer le Nord de l'Italie et l'Italie centrale en 1796, puis soumet l'Autriche et impose, le 26 vendémiaire an VI (18 octobre 1797), le traité de Campoformio, qui met fin à la première coalition européenne contre la France. Mais la propagation des idées révolutionnaires en dehors de la France et la multiplication des républiques sœurs dans les territoires conquis inquiètent les grandes puissances. La Russie et le Royaume-Uni, craignant une domination de la France, seront à l'initiative de la deuxième coalition de 1798.

Coup d'État du 18 brumaire

En ce début d'année 1799, la situation de la République est particulièrement inquiétante : le régime est à l'agonie, les échecs militaires sont nombreux, sans oublier le coup d'État du 30 prairial (18 juin 1799) suite auquel trois directeurs ont dû démissionner. Le Directoire vit ses dernières heures.

Les 18 et 19 brumaire an VII (9 et 10 novembre 1799) a lieu un nouveau coup d'État lors duquel Napoléon Bonaparte prend le pouvoir et instaure un nouveau régime dictatorial, le Consulat, ce qui vient clore la Révolution française.

Le Général Bonaparte au Conseil des Cinq-Cents, à Saint-Cloud, le 10 novembre 1799, tableau de François Bouchot.

RÉPERCUSSIONS DE LA RÉVOLUTION

UNE SOCIÉTÉ TRANSFORMÉE À JAMAIS

La Révolution nous a offert la Déclaration des droits de l'homme et du citoyen qui promeut l'égalité des citoyens devant la loi, définit les libertés fondamentales ainsi que les droits imprescriptibles, et établit la souveraineté de la nation. Les guerres menées contre la première coalition européenne ont contribué à la diffusion des idées révolutionnaires dans une grande partie de l'Europe et ont abouti à la création de républiques sœurs. Ces conflits se prolongent durant les guerres napoléoniennes sous le Consulat (novembre 1799-mai 1804) et l'Empire (mai 1804-mars 1815), permettant à Napoléon d'annexer à la France de vastes territoires. Afin de gouverner la majeure partie de l'Europe, il place les membres de sa famille sur le trône des pays vassaux de la France. Dans les territoires conquis, des constitutions « à la française » sont adoptées et la féodalité est abolie.

> « Dans tous les pays qui seront occupés par les armées de la République, les généraux proclameront sur-le-champ, au nom de la nation française, la souveraineté du peuple, la suppression de toutes les autorités établies, des impôts ou contributions existants, l'abolition de la dîme, de la féodalité, des droits seigneuriaux [...], et généralement de tous les privilèges. Ils annonceront au peuple qu'il lui apporte paix, secours, fraternité, liberté et égalité. » (*Recueil des décrets de la Convention nationale*, tome I, Nancy, Imprimerie Nationale de H. Hæner, 1793)

LA FONDATION DES DROITS CIVILS

Napoléon, dans une certaine mesure, veut sauvegarder les acquis de la Révolution. Il emprunte aux idées révolutionnaires les principes de liberté, d'égalité et de laïcité de l'État, et les intègre dans son Code civil de 1804.

Durant l'épisode révolutionnaire, le principe de liberté connaît une avancée considérable. En abolissant la féodalité, la Révolution a sorti le peuple de sa condition de servitude et a placé la liberté des individus au cœur de ses préoccupations. La liberté d'opinion et de presse est reconnue par la Déclaration des droits de l'homme de 1789 qui considère que « la libre communication des pensées et des opinions est un des droits les plus précieux de l'Homme ». Enfin, tout homme possède le droit à la propriété. Pour les révolutionnaires, liberté et égalité sont indissociables : sans égalité, la liberté n'est le privilège que de quelques-uns. Ce principe constitue le premier article de la Déclaration : « Tous les Hommes naissent et demeurent libres et égaux en droit. »

Sous le Code civil de Napoléon, tout homme peut accéder à un emploi public en fonction de ses capacités. Il se voit reconnaître pour ce qu'il est, sans distinction de classe, d'origine ou de confession. La naissance n'est donc plus un facteur de réussite. L'égalité des citoyens passe également par une égalité de tous devant la justice. Ce sont les législateurs (députés) qui font la loi que les juges font appliquer, indépendamment de toute considération morale, religieuse et politique. L'égalité ne concerne toutefois pas les femmes qui possèdent des droits civiques limités. Le Code civil les déclare en effet dans « l'incapacité juridique totale ». Il faudra attendre les années trente pour que cette inégalité soit abolie en France.

La Révolution française a également transformé la pratique du culte religieux. En mettant en place les premières mesures anticléricales (interdiction du port du costume ecclésiastique en dehors des fonctions sacerdotales, choix du culte, confiscation des biens du clergé, constitution civile du clergé, etc.), elle cherche à diminuer le pouvoir de l'Église et du clergé. La religion catholique, bien qu'elle soit toujours la première religion de France, n'est plus la religion de l'État et ne possède donc plus aucun pouvoir politique. Napoléon poursuit ce mouvement en faisant de la laïcisation de l'État un principe fondamental de son Code civil. Selon la loi révolutionnaire de 1792, l'état civil n'est désormais plus tributaire des paroisses. Le mariage et le divorce, bien que limité sous Napoléon, relèvent également désormais de la loi civile.

C'est en mixant et en modernisant les pratiques de l'Ancien Régime et en suivant les principes des Lumières que le Code civil a servi de base au droit moderne de nombreux pays européens.

L'AVÈNEMENT DE LA DÉMOCRATIE

La Révolution française, avec son précepte de séparation des pouvoirs, ouvre une ère nouvelle où l'émergence d'une vie politique est rendue possible (on passe du suffrage censitaire au suffrage universel en 1792). Tout l'enjeu des siècles à venir sera de trouver un équilibre entre une souveraineté populaire et une autorité de l'État détenue par un gouvernement ou un seul homme.

Bien qu'attaché aux idéaux de la Révolution française, le XIXe siècle demeure marqué par les inégalités sociales et politiques. Le suffrage censitaire du Directoire remplace à nouveau le suffrage universel masculin de 1792. Cette pratique sera utilisée par la plupart des régimes de l'époque afin de contrôler et de limiter l'électorat aux citoyens les plus riches. Ce n'est qu'au XXe siècle que l'on verra naître la démocratie, lorsque la majorité des pays européens adopteront le suffrage universel, et ce même pour les femmes.

LA NAISSANCE D'UNE CONSCIENCE NATIONALE

En plaçant le principe de souveraineté nationale au centre de ses préoccupations, la Révolution française a revendiqué la libération des nations et des personnes. De cette idée découlera le droit des peuples à disposer d'eux-mêmes.

Même si les guerres révolutionnaires et napoléoniennes trahissent cet idéal, ce principe sera à l'origine de grands changements dans l'Europe du XIXᵉ siècle en faisant naître une conscience nationale dans les pays conquis. La domination de Napoléon sur l'Europe est vécue par ces derniers comme une oppression : les territoires tombés sous contrôle français sont victimes de pillages ou sont réquisitionnés et soumis à de lourds impôts. Cela favorise l'émergence d'une prise de conscience nationale et, bientôt, des émeutes populaires éclatent.

Avec la défaite de Napoléon en 1815 et le traité de Vienne (9 juin 1815), les souverains européens ont l'occasion de redéfinir les frontières, et les vieilles monarchies sont restaurées. Après la destitution de l'Empereur, les réformes françaises restent cependant en place, malgré certaines résistances dans les régions où l'aristocratie est puissante (Europe de l'Est). Ces réformes mettent également fin au Saint Empire romain germanique, une chute qui sera à l'origine du développement du sentiment national allemand.

QUAND LA TERREUR DURE DIX ANS

À côté de ces éléments positifs, la Révolution française est également marquée par une série d'éléments néfastes. Car la Révolution est une période d'une extrême violence, marquée par la brutalité et la destruction.

La prise de la Bastille constitue le premier déchaînement violent qui a mené à la mort d'une centaine de personnes. Cette effervescence perdure lors des journées d'octobre au cours desquelles la garde royale de Louis XVI est massacrée, et atteint son point culminant lors du massacre de septembre 1792, où 1 614 prisonniers sont tués. Cette brutalité inquiète bien évidemment les élites révolutionnaires qui s'efforcent de la canaliser par un moyen tout aussi violent : la Terreur. Mais si le déchaînement populaire restait sporadique et local, la Terreur est utilisée comme arme politique. De 1793 à 1794, près de 40 000 personnes trouvent la mort et près de 500 000 autres sont emprisonnées. Toutes ne sont pas coupables, devenant ainsi les victimes de procédures expéditives et de jugements arbitraires, car on considérait à l'époque comme suspects « les nobles, les maris, les femmes, pères, mères, fils ou filles, frères ou sœurs, qui n'ont pas constamment manifesté leur attachement à la Révolution » (loi des suspects datée du 17 septembre 1793). En outre, les libertés s'amenuisent (loi contre les étrangers), sous le couvert du Comité de sûreté générale, et des exactions sont commises : le terrorisme d'État se superpose à la répression.

C'est encore au nom de l'idéologie révolutionnaire que tout un chapitre du patrimoine culturel et architectural de l'Ancien Régime est annihilé et que de nombreuses œuvres d'art, symboles féodaux (le château de Montrond et de Boulogne, par exemple), monarchiques (le château de Beaumont ou encore celui des princes de Condé à Chantilly) ou religieux (la cathédrale Notre-Dame de Cambrai, mais aussi la chartreuse de Champmol) sont vandalisés ou détruits au nom de l'engagement républicain.

EN RÉSUMÉ

1788-1789
Crise frumentaire, financière et parlementaire

1788
7 juin : Journée des Tuiles

1789
5 mai : **Ouverture des États généraux**
17 juin : Les États généraux s'autoproclament
Assemblée nationale
20 juin : **Serment du Jeu de paume**
9 juillet : L'Assemblée nationale s'autoproclame
Assemblée constituante
14 juillet : **Prise de la Bastille**
26 août : **Adoption de la Déclaration des droits
de l'homme et du citoyen**

1790
14 juillet : Fête de la Fédération

1791
21-22 juin : **Le roi et sa famille fuient Paris ;
ils sont arrêtés à Varennes**
17 juillet : Fusillade du Champ-de-Mars
Sept. : **Rédaction de la première Constitution**

1792
20 avril : La France déclare la guerre à l'Autriche
10 août : **Prise des Tuileries ; le roi et sa famille
sont emprisonnés au Temple**

1792-1795
Sept. 1792-oct. 1795 : Période de la Convention

1793
21 janvier : **Louis XVI est guillotiné ;
sa mort entraîne la formation de la
première coalition contre la France**
Sept. 1793-juill. 1794 : **Instauration de la Terreur**
16 octobre : Marie-Antoinette est guillotinée

1794

10 juin : **Avènement de la Grande Terreur**

27 juillet : Robespierre est arrêté et guillotiné

1795

5 octobre : Insurrection royaliste menée
entre autres par Napoléon Bonaparte

1795-1799
Période du Directoire

1797

4 septembre : Coup d'État du 18 fructidor
contre les royalistes

18 octobre : Fin de la première coalition contre la France

1798

11 mai : Coup d'État du 22 floréal contre les Jacobins

1799

18 juin : Coup d'État du 30 prairial qui provoque
la démission de trois directeurs

9-10 novembre : **Coup d'État des 18 et 19 brumaire ;
Napoléon Bonaparte prend le pouvoir**

1799-1804
Période du Consulat

- Le 5 mai 1789, les États généraux se réunissent à Versailles et présentent leur cahier de doléances.

- Le 17 juin, devant l'échec des États généraux, les députés du tiers état, quelques membres du clergé et de la noblesse s'autoproclament Assemblée nationale. Trois jours plus tard, ils prêtent le serment du Jeu de paume, s'engageant à ne se quitter que lorsqu'ils auront donné une constitution à la France.

- Le 14 juillet, en réaction à la concentration des troupes autour de la capitale ordonnée par le roi et au renvoi du ministre Necker, des émeutiers prennent d'assaut la Bastille.

- Le 26 août, la Déclaration des droits de l'homme et du citoyen, qui institue le droit à la liberté, à la sécurité, à l'égalité devant la loi, qui proclame la liberté d'expression et le respect de la propriété, et qui reconnaît le principe de souveraineté de la nation, est instaurée.

- Le 12 juillet 1790, l'Assemblée vote la confiscation des biens du clergé et sa constitution civile, une décision qui divise l'Église et la France.

- Le 14 juillet, le roi jure de « maintenir la Constitution décrétée par l'Assemblée nationale » lors de la fête de la Fédération.

- Le 21 juin 1791, Louis XVI prend la fuite afin de rejoindre ses partisans et l'armée autrichienne pour ensuite tenter de dissoudre l'Assemblée et rétablir son pouvoir. Il est arrêté à Varennes et ramené au Palais des Tuileries.

- Le 1ᵉʳ octobre, l'Assemblée législative succède à l'Assemblée constituante.

- Le 20 avril 1792, la France déclare la guerre à l'Autriche. L'opération se solde par un échec : les armées prussiennes et autrichiennes envahissent la France.

- Le 10 août, les Tuileries sont prises par le peuple, ce qui contraint la famille royale à s'enfermer dans la prison du Temple.

- Le 20 septembre, l'Assemblée législative se dissout et une nouvelle Convention est élue au suffrage universel. Majoritairement girondine, elle abolit la monarchie et instaure la Première République.

- Le 21 janvier 1793, après avoir été déclaré coupable de conspiration contre la sûreté générale de l'État, Louis XVI est guillotiné. La reine Marie-Antoinette connaîtra le même sort huit mois plus tard.

- Le 2 juin, sous la pression des sans-culottes, les députés girondins sont arrêtés. Cet épisode marque le triomphe de la Convention montagnarde.

- Le 4 décembre, Robespierre fait passer le décret du 14 frimaire de l'an II qui prévoit la mise en place d'un gouvernement d'exception qui détiendra tous les pouvoirs.

- Le 27 juillet 1794, sous l'impulsion de nombreux députés, lassés par la Terreur, Robespierre et ses partisans sont arrêtés et exécutés.
- Le 26 octobre 1795, le Directoire se met en place. Le suffrage universel est remplacé par le suffrage censitaire qui n'autorise que les plus riches à voter. La nouvelle constitution de l'an III est proclamée.
- Le 4 septembre 1797 ont lieu de nouvelles élections. Afin d'éviter que les royalistes, majoritaires, n'arrivent au pouvoir, les républicains organisent un coup d'État le matin du 18 fructidor et invalident l'élection. Le scrutin de 1798 connaît un destin similaire.
- Les 9 et 10 novembre 1799, Napoléon renverse le Directoire et instaure un nouveau régime dictatorial : le Consulat. C'en est fini de la Révolution...

Votre avis nous intéresse !
Laissez un commentaire sur le site de votre librairie en ligne
et partagez vos coups de cœur sur les réseaux sociaux !

POUR ALLER PLUS LOIN

SOURCES BIBLIOGRAPHIQUES

- BIARD (Michel), BOURDIN (Philippe), MARZAGALLI (Silvia) et CORNETTE (Joël), *Révolution, Consulat, Empire : 1789-1815*, Paris, Belin, coll. « Histoire de France », 2009.
- FURET (François), *Penser la Révolution française*, Paris, Folio Histoire, 1985.
- GONCOURT (Edmond et Jules, de), *Histoire de la société française pendant la Révolution*, Paris, Éditions du Boucher, 2002.
- HERMANT (Daniel), « Destruction et vandalisme pendant la Révolution française », in *Annales : Économies, sociétés, civilisations*, vol. 33, n° 4, p. 704-719.
- LAVISSE (Ernest), *Histoire de France contemporaine depuis la Révolution jusqu'à la paix de 1919*, Paris, Hachette, 1921.
- LE BON (Gustave), *La Révolution française et la psychologie des révolutions*, Paris, Flammarion, 1916.
- MATHIEZ (Albert), *La Révolution française : la chute de la royauté, la Gironde et la Montagne, la Terreur*, Lyon, La Manufacture, 1989.
- MORNET (DANIEL), *Les origines intellectuelles de la Révolution française 1715-1787*, Lyon, La Manufacture, 1989.
- RABAUT (Jean-Paul), *Précis historique de la Révolution française*, Paris, Truettel et Würtz, 1807.
- SOUCHAL (François), *Le vandalisme de la Révolution*, Paris, Nouvelles Éditions latines, 1993.
- THIERS (Adolphe), *Histoire de la Révolution française*, Ebooks libres et gratuits, 2007.
- TOCQUEVILLE (Alexis), *L'Ancien Régime et la Révolution*, s.l., Édition numérique européenne, 1856.

SOURCES COMPLÉMENTAIRES

- BERNSTEIN (Serge) et WINOCK (Michel), *L'histoire de la France politique : l'invention de la démocratie 1789-1914*, Paris, Points, coll. « Histoire », 2002.
- BERTAUD (Jean-Paul), *La Révolution française*, Paris, Perrin, 2004.
- FURET (François) et RICHET (Denis), *La Révolution française*, Paris, Fayard, 1973.
- LEFÈVRE (Benoît), *Robespierre, l'Incorruptible défenseur du peuple*, Bruxelles, Lemaitre Publishing, coll. « 50MINUTES », 2016.
- METTRA (Mélanie), *La Terreur, le tournant de la Révolution*, Bruxelles, Lemaitre Publishing, coll. « 50MINUTES », 2014.
- METTRA (Mélanie), *La guerre de Vendée*, Bruxelles, Lemaitre Publishing, coll. « 50MINUTES », 2014.
- NAFILYAN (Hadrien), *Louis XVI. « Le malheur d'être roi »*, Bruxelles, Lemaitre Publishing, coll. « 50MINUTES », 2015.
- NAFILYAN (Hadrien), *Napoléon Bonaparte, l'empereur des Français*, Bruxelles, Lemaitre Publishing, coll. « 50MINUTES », 2015.
- PICHOT-BRAVARD (Philippe), *La Révolution française*, Versailles, Via Romana, 2014.

SOURCES ICONOGRAPHIQUES

- *L'Assemblée de Vizille*, tableau d'Alexandre Debelle, 1853. La photo reproduite est réputée libre de droits.
- *Portrait de Louis XVI en costume de sacre*, tableau de Joseph Duplessis, 1777. © Musée du Carnavalet.
- *Louis XVI et l'abbé Edgeworth de Firmont au pied de l'échafaud*, tableau de Charles Benazech, 1793. La photo reproduite est réputée libre de droits.
- *Portrait de Gilbert du Motier de La Fayette*, tableau de Joseph-Désiré Court, 1834. La photo reproduite est réputée libre de droits.
- Portrait de Mirabeau. La photo reproduite est réputée libre de

droits.

- Gravure représentant Danton à la tribune. La photo reproduite est réputée libre de droits.
- Portrait de Robespierre. La photo reproduite est réputée libre de droits.
- Portrait de Marat. La photo reproduite est réputée libre de droits.
- *Ouverture des États généraux à Versailles dans la salle des Menus Plaisirs*, par Isidore-Stanislas Helman et Charles Monnet. La photo reproduite est réputée libre de droits.
- Copie du *Serment du Jeu de paume* de Jacques-Louis David par Luc-Olivier Merson, 1883. La photo reproduite est réputée libre de droits.
- Camille Desmoulins exhortant le peuple à se révolter. © Pierre-Gabriel Berthault.
- *La Prise de la Bastille*, par Charles Thévenin, vers 1793. La photo reproduite est réputée libre de droits.
- *La Fête de la Fédération*, par Isidore-Stanislas Helman, Antoine-Jean Duclos et Charles Monnet, 1790. © Bibliothèque nationale de France.
- *Retour de Varennes. Arrivée du roi à Paris, le 25 juin 1791*, par Jean Duplessis-Bertaux, 1791. La photo reproduite est réputée libre de droits.
- *Le peuple pénétrant dans le château des Tuileries, le 20 juin 1792*, eau-forte de Pierre-Gabriel Berthault. La photo reproduite est réputée libre de droits.
- *Marie-Antoinette conduite à son exécution*, tableau de William Hamilton, 1794. La photo reproduite est réputée libre de droits.
- Fusillade devant l'église Saint-Roch durant l'insurrection royaliste. La photo reproduite est réputée libre de droits.
- *Le Général Bonaparte au Conseil des cinq-cents, à Saint-Cloud, le 10 novembre 1799*, tableau de François Bouchot. La photo reproduite est réputée libre de droits.

FILMS

- *Danton*, film d'Andrzej Wajda, avec Gérard Depardieu, Wojciech Pszoniak et Anne Alvaro, France et Pologne, 1983.
- *Chouans !*, film de Philippe de Broca, avec Philippe Noiret, Sophie Marceau et Lambert Wilson, France, 1988.
- *La Révolution française*, film de Roberto Enrico, avec Klaus Maria Brandauer, Françoit Cluzet et Jane Seymour, France, Allemagne, Italie, Royaume-Uni et Canada, 1989.

www.50minutes.fr

Éditeur responsable : Lemaitre Publishing
Avenue de la Couronne 382 | BE-1050 Bruxelles
info@lemaitre-editions.com

ISBN ebook : 978-2-8062-6675-0
ISBN papier : 978-2-8062-6676-7
Dépôt légal : D/2016/12603/188
Photo de couverture : © *La Liberté guidant le peuple*, tableau
d'Eugène Delacroix, 1830.

Conception numérique : Primento,
le partenaire numérique des éditeurs.